Inhalt

Bachelor und Master - Einheitliche Studienabschlüsse in Europa

Kernthesen

Beitrag

Fallbeispiele

Weiterführende Literatur

Impressum

Bachelor und Master - Einheitliche Studienabschlüsse in Europa

M.Rinkenburger

Kernthesen

- Bei einem Treffen der europäischen Bildungsminister 1999 in Bologna wurde beschlossen, dass die Studienabschlüsse bis 2010 europaweit vereinheitlicht werden sollen. (1), (6)
- Die deutschen Hochschulen arbeiten derzeit daran, ihre Studiengänge entsprechend dem Beschluss von Bologna auf das angelsächsischen Modell Bachelor und Master umzustellen. (1)

- Der Erfolg dieser revolutionären Umstellung hängt in großem Maße von der erfolgreichen Umstrukturierung der bisherigen Diplom- und Magisterstudiengänge sowie der Akzeptanz der neuen Abschlüsse auf dem Arbeitsmarkt ab. (1), (3)

Beitrag

Ausgangssituation und Ziel der Hochschulreform

In der Bologna-Erklärung von 1999 haben sich 29 europäische Bildungsminister darauf geeinigt, die individuellen nationalen Hochschulabschlüsse abzuschaffen mit dem Ziel, einen europäischen Hochschulraum mit vergleichbaren Studienleistungen und Abschlüssen zu schaffen. (6), (7), (8) Ab 2010 sollen sich die Absolventen europäischer Hochschulen nur noch entsprechend dem angelsächsischen System mit den Abschlüssen Bachelor oder Master schmücken dürfen. (7) Ein weiteres Ziel dieser Studienreform ist es, die Marktchancen für Berufseinsteiger zu erhöhen. Insbesondere die schon seit langem diskutierte

Verkürzung der langen Studienzeiten in Deutschland sowie eine praxisorientiertere Wissensvermittlung könnten durch diese Reform realisiert und an andere europäische Länder angepasst werden. (5)

Aufbau und Inhalt der neuen Abschlüsse

Die Einführung des neuen Studienmodells soll gleichzeitig zu einer Runderneuerung der Studieninhalte beitragen. (4) Es darf nicht der Fehler gemacht werden, dass im Rahmen der Realisierung der Hochschulreform die bisherige Unterteilung der Studiengänge in Grund- und Hauptstudium lediglich in Bachelor und Master umbenannt werden. (4), (7)

Ziel des Bachelor ist es, ein solides Grundwissen zu vermitteln. Innerhalb von in der Regel sechs Semestern soll er für ein klar definiertes Berufsbild qualifizieren und trotz eines wissenschaftlichen Studiums einen frühzeitigen Berufseinstieg ermöglichen. (2), (6) Ein guter Bachelor-Abschluss ist auch Vorraussetzung für die Aufnahmen eines Master-Studiums. (2), (3)

Im Master-Studium sollen die besten Studenten durch forschungsnahe Lehrveranstaltungen ein vertiefendes Spezialwissen vermittelt bekommen. (7) Durch eine reduzierte Anzahl an Master-Studenten soll sich auch die Relation zwischen Studierenden und Lehrkräften verbessern und eine intensivere Wissensvermittlung gewährleisten. (7) Das Master-Studiums kann unabhängig vom Bachelor-Studium und völlig flexibel und individuell an jeder Hochschule aufgenommen werden, die den gewünschten Studiengang anbietet. Allerdings gilt es, die zum Teil individuellen Eingangsvoraussetzungen und Auswahlrunden der Hochschulen zu bestehen.

Prozess der Qualitätssicherung

Eine europaweite vergleichbare Hochschullandschaft erfordert einheitliche Qualitätskriterien zur Vergleichbarkeit der Studienleistungen. Für die Qualitätssicherung gibt es verschiedene Akkreditierungsagenturen deren Aufgabe es ist, die jeweiligen Studiengänge zu zertifizieren. Studiengänge, die auf Bachelor und Master umstellen, müssen zunächst die Vorgaben aus Bologna erfüllen. Die erste Zertifizierung im Anschluss daran dauert zwischen einem und zwei Jahren. Nach fünf bis sieben Jahren ist eine weitere Akkreditierung notwendig. (8) Sollten etwaige Auflagen nicht innerhalb eines Jahres erfüllt werden, droht ein Entzug der Zertifizierung. Dies hat weit reichende Konsequenzen auf die Wettbewerbsfähigkeit der Hochschulen. Internationale Anerkennung und einen entsprechenden Zulauf an Studenten werden in Zukunft nur jene Universitäten und Studiengänge bekommen, die entsprechende Gütesiegel vorweisen können. (3)

Vorteile und Neuerungen der Hochschulreform (1), (3), (7)

- Einheitliche Studienabschlüsse in Europa
- Bessere internationale Vergleichbarkeit
- Schnellere Studienzeiten durch sechssemestriges Bachelor-Studium
- Promotion für alle Master-Absolventen möglich
- Höherer Praxisanteil und dadurch größere Nähe zur Praxis erleichtern den Berufseinstieg
- Flexibler und einfacherer Wechsel der Hochschulen durch Anerkennung der Studienleistungen
- Universitäten können sich durch Eingangstests und Interviews die Studenten selber auswählen

Nachteile und Schwierigkeiten der Hochschulreform (1), (3), (4), (5)

- Die neuen Abschlüsse und deren Inhalte sind bei den Abiturenten noch nicht ausreichend bekannt.
- Fehlende Akzeptanz und Bekanntheit der Abschlüsse bei potentiellen Arbeitgebern
- Bachelor Absolventen konkurrieren in Deutschland mit Auszubildenden des Dualen Ausbildungssystem und anderen praxisnahen Qualifizierungsangeboten
- Unterschiedliche Einstiegsgehälter zwischen Bachelor und Master verleitet Stundenten dazu, auf jeden Fall noch den Master machen zu wollen
- Studiengänge zum Diplom-Ingenieur genießen international ein hohes Ansehen. Das erschwert bei den Studenten den Umstieg auf das Master-Studium
- Für das Master Studium werden in Zukunft Gebühren fällig, da nach heutigem Stand nur das Erststudium, d. h. der Bachelor, gebührenfrei sein wird.

Fallbeispiele

Professoren an der Universität Frankfurt entwickelten

bereits zwei neue Bachelor- und Master-Studiengänge für die Fächer Betriebswirtschaft und Volkswirtschaft. Für den Master möchten sie die besten Studenten unterschiedlichster Fachrichtungen anlocken, z. B. auch Physiker und Mathematiker. (1)

Die Fachhochschule Lüneburg entwickelte zusammen mit der University of Teesside in Großbritannien einen Studiengang in Jura, der es den Studenten ermöglicht den deutschen Bachelor in Wirtschaftsrecht und den brittischen Titel Bakkalaureus Segum zu erwerben. (1)

Die Universität Göttingen bietet seit dem Wintersemester 2000/2001 den sechs-semestrigen Bachelor (BA) of Arts in Economics und einen vier-semestrigen Studiengang Master of Arts (MA) in International Economics an. (2)

Für Lehramtsbewerber gibt es einige Modellversuche, in denen das Bachelor-Master-Studium zum Referendariat berechtigen soll. Bei anderen Studiengängen mit berufspraktischem Vorbereitungsdienst wie Jura oder Medizin, führt der Weg zum Referendariat bis jetzt weiterhin nur über das Staatsexamen. (3)

Die TU Darmstadt bietet im Rahmen ihres Bachelor-Master-Studiengangs Mechanikal and Process

Engineering Projektkurse an, die den Studenten praxisnah Schlüsselqualifikationen wie Zeitmanagement, Teamfähigkeit oder Fremdsprachen vermitteln sollen.

Die Hochschule Medien in Stuttgart sowie die Hochschule für Sozialwesen in Esslingen bieten ab dem Wintersemester 2004/2005 nur noch Bachelor- und Master-Studiengänge an. (6)

Mit dem Wintersemester 2005/2006 baut die Frankfurter Goethe-Universität die Bachelor-Studiengänge von unten auf und die Diplomstudiengänge von unten ab. (7) Dadurch soll vermieden werden, dass den Studenten der parallele Einstieg in beide Abschlüsse zur Verfügung steht und sich die Mehrheit für das altbekannte Diplom entscheidet.

Weiterführende Literatur

(1) Kreative Konzepte Das Diplom ist ein Auslaufmodell. Erste Hochschulen stellen bereits auf Bachelor und Master um. Welche Chancen die neuen Abschlüsse bieten.
aus Capital vom 13.05.2004, Seite 70

(2) Ohr, Renate, Volkswirtschaftliches Bachelor- und

Master-Programm an der Universität Göttlingen
Erste Erfahrungen, Wirtschaftswissenschaftliches
Studium, Heft 5/2004, S. 315-317
aus Capital vom 13.05.2004, Seite 70

(3) O.V., Neue Studiengänge stiften Verwirrung /
Arbeitgeber halten wenig vom Bachelor,
Computerwoche, 05.03.2004, Nr. 10, S. 48-49
aus Capital vom 13.05.2004, Seite 70

(4) O.V., Vom Stift zum deutschen Meister, Spiegel
Online, 01.04.2004
aus Capital vom 13.05.2004, Seite 70

(5) Firmen begrüßen Absolventen mit Master in der
Tasche Die Hochschulreform trägt Früchte: Die
ersten Studenten mit internationalen Abschlüssen
drängen auf den Arbeitsmarkt · Bachelor weniger
gefragt
aus Financial Times Deutschland vom 30.04.2004,
Seite BE7

(6) O.V., Künftig nur noch Bachelor und Master / Die
Umstellung der Studiengänge ist an den
Fachhochschulen in vollem Gang, Stuttgarter
Zeitung, 19.05.2004, S. 1
aus Financial Times Deutschland vom 30.04.2004,
Seite BE7

(7) Bauchmüller, Michael, Der schleichende Abschied
vom Diplom / Bis 2010 müssen die Studiengänge von
Grund auf reformiert sein der Erfolg hängt von der

Wirtschaft ab, Süddeutsche Zeitung, 22.05.2004,
Ausgabe Deutschland, S. 20
aus Financial Times Deutschland vom 30.04.2004,
Seite BE7

(8) In den Köpfen noch Diplom und Magister
Kultusminister wollen europaweit Bachelor und
Master einführen / Studierende und Unternehmen
zögern
aus Frankfurter Rundschau v. 29.03.2004, S.30,
Ausgabe: R Region

(9) Kann man damit nach drei Jahren etwas werden?
aus Frankfurter Allgemeine Zeitung, 20.03.2004, Nr. 68,
S. 53

Impressum

Bachelor und Master - Einheitliche Studienabschlüsse in Europa

Bibliografische Information der deutschen Nationalbibliothek

Die Deutsche Nationalbibliothek verzeichnet diese Publikation in der deutschen Nationalbibliografie; detaillierte bibliografische Daten sind im Internet über http://dnb.d-nb.de abrufbar.

ISBN: 978-3-7379-0881-8

© 2015 GBI-Genios Deutsche Wirtschaftsdatenbank GmbH, Freischützstraße 96, 81927 München, www.genios.de

Alle Rechte vorbehalten. Dieses Werk ist einschließlich aller seiner Teile – z.B. Texte, Tabellen und Grafiken - urheberrechtlich geschützt. Jede Verwertung außerhalb der Grenzen des Urheberrechtsgesetzes bedarf der vorherigen Zustimmung des Verlags. Dies gilt insbesondere auch für auszugsweise Nachdrucke, fotomechanische Vervielfältigungen (Fotokopie/Mikroskopie), Übersetzungen, Auswertungen durch Datenbanken oder ähnliche Einrichtungen und die Einspeicherung und Verarbeitung in elektronischen Systemen.